사해

사해

신정현 지음

좋은땅

목차

시

영원한 사랑 … 8
선교 … 9
치부의 윤곽 … 10
홍조 … 11
비극적인 사랑 … 12
외사랑 … 13
올가미 … 14
청춘 실격 … 15
화병 … 16
8월의 홍옥 … 17
천사에게 버림받은 밤 … 18
수확 … 20
참회 … 21
포도밭 … 22
구원 … 23
사랑의 폐허 … 24
뱃고동 … 26
자살 … 27

주님의 종 … 28
사제 … 29
이 땅에서의 소풍 … 30
황혼의 새벽 … 32
국화 … 33
바다가 쓴 시 … 34
십자가의 사랑 속으로 … 36
하느님의 모상 … 37
깊은 해 … 38
울타리 속 외사랑 … 39
패씸한 여름 … 40
무력한 존재란 … 41
위선 … 42
우아한 병마 … 43
죽음 … 44
침묵의 임 … 45
망상 … 46
절망의 정원 … 47

새벽 … 48	사문난적 … 66
타국에서 아침을 … 49	나의 심정 … 67
슬픔은 그대 가슴에 … 50	바다의 속삭임 … 68
자유 … 51	병원 一 정신병원 … 69
백야 … 52	병원 二 소아과 … 70
밤 一 … 53	병원 三 영안실 … 71
밤 二 … 54	별스런 염원 … 72
밤 三 … 55	꿈으로 쌓은 모래의 시 … 73
밤 四 … 56	화원의 변화 … 74
무서운 하늘 … 57	비극 … 75
황홀한 미궁 … 58	만가 … 76
사내의 눈물 … 59	메마른 계절 … 77
먼 길 … 60	황천 … 78
광야의 새벽 … 61	원망 … 79
방랑한 해변 … 62	소천 … 80
만리타국 … 63	노아의 바다 … 81
공황 … 64	십자고상 … 82
절정에 치달은 여름 … 65	대부 … 83

산문

고해 … 86
백합이라는 병 … 87
허상 … 90
무력한 자의
인식과 고립 … 93
청연 … 95
자화상 … 97
묵시록 一
간구하는 자 … 99
묵시록 二 천상의 깃발
아래 … 100
묵시록 三 만악의 근원에
대한 성찰 … 103
참회 … 108
나의 영혼의 방황 … 109
시 … 110
죽음의 문턱에서 … 112
독백으로부터 … 114

절망에 관한 단상 … 115
아무도 울지 않는다 … 117
회상 … 118
분해 … 120

시인의 말 … 121

시

영원한 사랑

떠나간 너로 인하여 조각난 심장에
나는 하는 수 없어 목 놓아 울어버렸느니라
설움이 점점 빛바래서 무감각이 되었고
끝자락 구석에서 내쉬던 한숨이 곧 내 가슴
복판에 남은 무위한 과거가 되어버렸으니
오늘에서야 그 말을 진정 알겠다
사랑은 죽음보다 차갑다는 것을

선교

사막 같이 말라비틀어진 땅을
어느 누가 맨몸으로 단번에
걸어가겠다고 나서겠는가

썩어 문드러져 흩어진 잔해 속에서
기고만장한 하늘 아래 새롭게 밝은
싹을 틔워 나아가면 좋으련만

한 줌의 빛도 들지 않는
이 땅 위에 그 누가 희망을 품고
그리 하려고 나서려나

나라도 홀로 눈물 젖은 땅에
흙을 움켜쥐고 씨앗을 뿌리어서
그 황야 같이 메마른 땅을 즈러밟고
가려는 이들을 위하야 터를 닦아야지

치부의 윤곽

얼굴 없는 야수는 때때로 치부를 권하고
어린양은 증오로 얽매인 손수건을 목에 감는다.

무지한 야수에게 난잡하던 어린양은
그저 증오스러운 대상이었다.

어린양의 마음속에서 꽃처럼 피어나
진한 피처럼 깊이 우러러 나온 마음은
고리타분한 사랑조차도
얼굴 없는 야수를 품어 주진 않았다.

고독이 얽매인 염원 자체가 이러한 것일까?

홍조

노을은 늘 혼자서도 붉었다.

마치 과숙 같은 새빨간 과일처럼.

비극적인 사랑

새벽이 올 때까지 덧없이
고운 꽃이 헛된 소망을 품었으니
음침한 숲속 낙원에서
애달픈 향기로 가슴 뭉클하게 만들더라
이에 쇠약해진 내가
너로 하여금 요염한 속삭임 같이
구슬픈 노래를 불렀노라
이런 나의 흥분한 노래가
너의 귓가에 그윽하게 들리면 좋으련만
지금은 비로소
새벽하늘이 찾아오고 있으니
아련히 남은 너에게
마지막 순간까지 취해서
뜨거운 쾌락의 입맞춤을 고해야겠다.

외사랑

절망의 끝자락에서 피어나는 한 송이 매화꽃처럼
한밤중 단단한 쇠창살 너머로 스며드는
진심 어린 안타까운 환영이여

속박된 삶 가슴팍을 가로지르는
모진 바람이 몰아쳐도
진심 어린 환영이 다가왔기에
고통스러우나 애틋하오

내가 살아온 생이 그리 선하진 못했건만

극락의 정원에서 진심 어린 환영을
나는 추잡할 정도로 사랑하였노라

올가미

구겨진 하늘 아래서
뽀얀 구름이 물가를 덮어 오고
나의 머릿속은 온갖
잡생각이 가득히 차 버려
아무런 생각도 나지 않을 때
너는 나의 앞에 말갛게
어디선가 튀어나와 나를 끌어안고
내 맘이 헐벗은 계집에게 놀아나니
정성스레 고운 손길에
그만 정신을 잃어버린다.

청춘 실격

야망의 함정이란 덫에 걸린
나의 혼란스러운 청춘은
사랑보다 깊은 증오
아래로 흘러내린
한 송이 철혈의 꽃이었다.

화병

물은 뿌옇게 흐려지고
줄기는 미끄덩거린다.

화병에 꽂아 둔 분홍 장미가
적막한 냄새와 함께
고개를 푸―욱 숙였다.

그런데 이상하게도
그 냄새가 좋다.

달콤하면서도 쓰디쓴
그 냄새가 좋다.

한꺼번에 밀려 들어온다
그 깊은 향기가
내 안으로.

8월의 홍옥

짙푸른 산세가 험한 곳을 지나
마른하늘에 구름 한 점 없어
햇볕이 나의 살가죽을 뜨겁게
지져올 때가 될 즈음이면
흐드러지게 아리따운 처녀 아가씨
같은 고운 꽃이 곱게 피어
탐스러운 붉은 홍옥을 주렁주렁
매달고서 나를 반길 것이오.

천사에게 버림받은 밤

흰 깃털 하나… 둘… 셋…
차디찬 바람에 흩날리어

주의 마지막 손길마저
하늘 저편으로 사라져 간 밤

하이얀 깃털이 스치던 그 자리마다
아물지 않는 상처들만 도드라지고
기도하던 입술은 메말라
적막하다

구슬픈 이 밤
누구를 부를까

．

．

．

달빛도 구름에 가려지고
별빛도 어둠에 스며들어

오직 바람 소리만 쓸쓸히
창문 두드린다

수확

가지에 걸린 열매가 부풀어
결실을 만들 듯
나는 꽃잎 진 성심을 꺼내
서랍 안에 곤히 넣어 두었다

참회

어느 모래가 가득가득 쌓이고
뿌려진 바다 앞 고운 모래 위를
나의 더러운 발로 밟아 서서
잔잔하게 밀렸다 들어왔다
다시금 밀리고 들어오길
반복하고 또다시
되풀이하는 파도 소리에
조심스럽게 귀 기울이면
그 속에 꿈틀거리는
나직한 울음소리로 하여금
여름밤의 정적 가운데서
나의 영혼이 홀로 깊이깊이 잠긴다

포도밭

해는 저물어 달이 휘영청 올라섰소.

포도빛 은은히 빛나는 달은
눈 머금은 구름에 존재를 감춰 버리오.

파아란 하늘이 무서워
나도 홀연히 종적을 감춰 버리오.

구원

동방의 별들이 무쇠같이 올라섰다.
그 가운데는 붉은 달이 올라섰다.
이윽고 태초의 죽음도 같이 올라섰다.

사랑의 폐허

우리는 사랑이라는
이름의 무덤을 함께 팠다
삽질 소리만이 메아리 되어
텅 빈 가슴을 울렸다

순이의 눈동자는
꺼진 등대처럼 어둡고
나의 입술은
말라 버린 우물의 바닥을 닮았다

고귀한 대천사는 절뚝거리며
우리의 약속들을 등에 지고
어디론가 사라져만 간다
발자국도 남기지 않고

사랑은 독이었다
천천히 우리를 썩게 하는 고독은

칼이었다 서로의 심장을 겨냥해 찌르는

이제 우린 각자의 관 속에서
서로의 이름을 지우고 있다

뱃고동

하늘 밑 푸름이 담긴
물결치는 심야의 외딴 한복판
아무도 오질 않으매 별도 오르지 않는
까마득한 밤하늘 아래에 차마
서글픈 감정을 주체하지 못하고 홀로
기나긴 뱃고동을 울렸다.
흐릿한 밤하늘이 새벽의 고동 소리에
까무러치게 놀라 구름을 흘려보내고
속 안에 숨었던 별을 다시금 부르니
바람결 따라 어질러 놓인 물결치는
심야의 외딴 한복판을 건너서
외로움에 기나긴 뱃고동을 울려야겠다.

자살

논밭을 휘감는 10월의 태양!
태양은 푸른 잔디 보고파
논두렁 속으로 쏙 들어간다

주님의 종

새벽의 끝을 종점으로 둔
석양이 져가고 있는 황야에서
시든 꽃은 목마름에 슬피 취해간다.
만일 내가 시든 꽃에게 피눈물을 흘려서라도
단 하루만이라도
연명할 수 있게 돕는다면야,
미천한 내 목숨 따위야 기꺼이
죽음을 향해 이끌고 멀리 떠나가는
황혼에게 내어드려 스스로
검은 수단을 자랑스레 입으리이다.

사제

나약한 내가 주님의 제단에 서기 위해
아름답지만 외로운 길을 걷고자,

발목까지 드리우는
검은 수단을 몸에 걸치고
십자가 앞에 넙죽 엎드려 기도한다.

변치 않을 갈림길 하나 없는 맘으로
나의 사명의 길이 될—
한평생을 주님을 위해 바치고
죽어서도 주님을 위해 내놓는다.

이 땅에서의 소풍

구름 한 점 없는 풍경 아래
맨발로 걸어가다.

돌멩이 하나하나가 반짝이고
풀 잎새 끝에 이슬 한 방울
똘똘 굴러떨어진다.

어디선가 종소리 들려오고
바람은 보리밭을 쓸고 간다.
종달새 한 마리 짹짹거리며
하늘로 날아오른다.

냇물은 졸졸 흘러가고
버들가지 늘어져
물결에 젖는다.

아아…

이 조용한 오후
햇살은 따사롭고
그림자만이
나를 따라온다.

고향 언덕배기에서
한 떨기 꽃을 꺾어 들고
맨발로 돌아 걸어가다.

황혼의 새벽

아늑한 달이 울창한 숲을
전부 감싸안으면 부끄럼이 깃든 이가
갈망하던 이젠 말라 비틀어 버린
호숫가에 물은 고이어
황혼에서 새벽까지 밤은 꺾인다.

국화

늦가을 추위 속에서,
서리 내린 아침에도
그윽한 향기를 풀풀 풍기며,
찬바람 속에서도 온기를 잃지 않고
들판에 피어난 국화.

바다가 쓴 시

반나절 동안 태양이
푸름 가득한 바다 위에 떠올라
심연을 들여다본다.

뜨거운 붉은 태양의 눈길에
심연도 힐끗힐끗 쳐다본다.

날이 저물어 태양은
온데간데없이 사라지고
둥근 달이 찾아왔다.

둥근 달도 호기심에 바닷속
심연을 들여다보니
심연도 둥근 달을 바라본다.

안개처럼 동글동글하게 뭉친
구름 사이로 종적을 감춘

달을 뒤로하고

나도 궁금한 나머지
내가 심연을 들여다보니
이미 심연은 날 들여다보고 있었다.

어느새부턴가 난 스스로도 모르게
심연 속에 빠져 있었다…

십자가의 사랑 속으로

지금 새하얗게 빛나는 눈 나리고

그 뒤론 추위에 시들어 가는 장미가 굽어지는데

나 홀로 이 세상에 어찌

머리에 구원의 투구를 쓰고선

성난 이를 위하야 축복을 내릴 수 있겠나

어둠이 가득한 곳이 있거든

밝은 별로 하여금 비추어 줘야 할 텐데

나 홀로 이 세상에 어찌

두 손 위에 기름 부음을 받아

눈먼 이를 위하야 축복을 내릴 수 있겠나

나 그저 밤하늘 바라보며

위로가 필요한 이들 곁에 남아

저 멀리 돌아오는 석양을 배경 삼아

바람과 함께 사라지련다.

하느님의 모상

하느님의 모상인 내가
주님의 사제라는
막대한 부름을 받았기에,

몸을 벼랑에 내던지듯
나의 주께서 전하신 것을
세상에 드높이 알려서 받들고,

하느님의 말씀대로 죄가 극심한
축복이 가득한 십자가를 짊어지고
스스로 표본이 되어 박제되리라.

깊은 해

깊은 바다
내 고장의 미를 담은 배가
얼음장 같은 해를 횡단하고
비릿한 하늘의 냄새를 맡은
아침은 서서히 문을 닫아
해는 이젠 저물고… 저물어…

울타리 속 외사랑

진정 널 사랑하였지만
나로 인해서 널 잃을까
꽃을 피워 보지도 못하고,

티 없는 성심으로 바라보며
유일하게 사랑했고
영원한 사랑이었으나,

사랑하지 못했던 나의 아픔
고통 속에 영원히 남아,

때 묻지 않은 나의 사랑
후회 속에 영원히 남아,

이젠 조용히 기억 속에
홀로 묻어 두련다.

괘씸한 여름

광야의 태양처럼
쨍쨍한 유월 햇살!
하루에 무더위는
땀방울을 맺히고,
아씨같이 뽀얀
붉은 입술을
바싹 마르게 한다.

무력한 존재란

창공에서 찡—— 하게 성을 표출하던,
태양의 더위가 느슨해졌다.

고개 들어 바라보는 태양은 똑같이 밝다.

이리 하늘 태양 너무 붉어서 눈으로 쳐다보기 힘든데,
제아무리 태양이 옅은 빛 내도 인간인
내가 어찌 눈 똑바로 뜨고 바라볼까?

위선

욕설을 삼키는 입은
때론 나약함으로 오해를 받고
용서를 먼저 권하는 손은
맹목이라 불리기도 한다.

우아한 병마

우아한 병이 생겨나는 피로 물들인 식탁에
덜 식은 숨결이 고스란히 남아 있다.

견딜 수 없는 즉흥적인 파국과도 같은 이 숨결
두 눈을 감고 슬픈 것처럼 침묵해 보자.

그리하면 충만한 향기로 하여금
기묘한 여운의 막을 내릴 터이니.

죽음

안개가 모락모락 피어
밤비를 가린다.

아침에는 맑은 강물이
창공을 꿈꾸며 흘렀거늘,

지금은 안개가 강물을 쫓아
캄캄한 어둠을 만든다.

바위 위에 홀로 서서
심호흡을 한번 하고,

풍덩…

나의 몸엔 이끼가 서려
몸속 가득가득 길러서 온다.

침묵의 임

꽃이 절정에 치 달아 오르지 아니하고
홀로 만개하여 피어오르는 것은
달빛에 아른아른하게 물들어 있는
밤이 길다 못해 먼 길 가는 사나이의
뒤꽁무니를 졸졸 따라가기 때문이요.

망상

나비의 날개에 담긴 희망은

빛나는 날개로 바뀌어

하늘을 향해

깊은 꿈을 품고 날아간다.

꽃잎 사이로 스며들어

봄의 향기를 마시며

나비는 희망을 품고 날아간다.

바람과 춤추며

하늘과 노래하며

나비는 희망을 품고 날아간다.

절망의 정원

아카시아 꽃이 즐비하는
정원에 나의 흐르는 눈물을
꽃에 양분으로 주었다.

아카시아 꽃은 나의 눈물을 머금고
기쁨에 꽃잎을 흔들흔들거리면서
향기를 내뿜지만 그 향기는 짙고
음산하고 무거워 나의 맘을 감싸 메운다.

정원 안에 가득한 아카시아 꽃잎을
하나씩 떼어 내며 내 머릿속에 들은
생각을 지워 버리려고 애를 쓴다.

나의 손길에 꽃은 시들시들해져서
꽃봉오리처럼 지고 향기를
서서히 사라지게 만들며
새벽이 오기 전까지는 괴로워도
끝없이 기다릴 뿐인 것이다.

새벽

새벽하늘에는 아리따운 별이 반짝 반짝
멀리서 불어오는 새벽바람은 쓸쓸 쓸쓸
나의 앞에 덩그러니 놓인 술상은 씁쓸하고
아무도 없는 나의 곁은 왜 이렇게 초라한지
오늘은 새벽하늘에 있는 아리따운 별과
같이 술을 마시며 웃어 보여야겠다.
새벽하늘에는 아리따운 별이 같이 취하고
멀리서 불어오는 새벽바람은 따듯해지고
나의 앞에 놓인 술상은 점점 비어져 가고
아무도 없던 나의 곁은 붉어진 별과 같이하며
내일도 새벽하늘에 뜰 아리따운 별과
같이 술을 마시며 웃어 보여야겠다.

타국에서 아침을

낯선 종소리가 광장에 울려 퍼진다.

분노를 머금은 사람들은
아무런 말도 하지 않고 그저
하늘에 펄럭이는 깃발을 바라본다.

하염없이 계속 바라본다.

내가 말을 걸어도 사람들은
아무런 말도 하지 않고 그저
하늘에 펄럭이는 깃발을 바라본다.

하염없이 계속 바라본다.

슬픔은 그대 가슴에

나는 그대 가슴안에다
슬픔을 몰래 묻어 놓고서
멀리 멀리 도망칠 거예요.

나는 이별이 무엇인질 모르고
그댄 이별이 무엇인질 알기에

나는 그대 가슴안에다
슬픔을 몰래 묻어 놓고서
멀리 멀리 도망칠 거예요.

자유

구름 위를 걷는 듯,
하늘을 나는 꿈을 꾸고
마음은 가벼운 풍선처럼
세상의 무게를 잊고서.

백야

해가 져도 맑은 하늘이 뜬 날
초원에는 꽃사슴이 푸름이 가득한 풀숲에서
아리따운 순이 옆에 기대어 곤히 잠든다.

밤 一

쉿!
조용한 이 밤을
왜 흩트리려 하는가?

밤 二

울음이 우는 듯한 늦은 밤,
나도 서러워 눈물을 머금은 밤.

밤 三

찾아오는 밤 속에 절정을 맞이한다.

바람이 불고 산 너머 저쪽 지는
해는 병을 달고 간다.

밤 四

죄를 품고 하늘을 바라봤다.
용서를 바랐거늘,
내가 범한 죄는 밤의 분노로
돌아오기에 족했나 보다.

무서운 하늘

붉은 하늘이 밝아드오.
동무들 하나, 둘 밖으로 나와 신기해할 따름이오.
동무들 나가 구경하는 모습에 나도 따라나서려 하니,
하늘에선 붉게 물들여져 버린 천사 하나 내리어 오는데.
아, 저것이 진정 천사란 말이오?
붉은 하늘이 더 진한 붉은색으로 점점 더 물들어 가오.
붉게 물들여져 버린 천사는 더 진하게 물들어진 채로 다시 하늘로 올라갈 뿐이오.

황홀한 미궁

푸른 잎 사이에 뒤덮인 잿더미 속
깊고 긴 어둠은 도대체 무엇이 안에
들어 있기에 이 미묘한 감정으로
나를 이토록 괴롭힐까.

덧없는 발악에도 어둠의 그림자는
나 스스로가 환각에 빠진 것처럼
머릿속을 가벼이 여기게 만들어
아무런 것도 못 하게 만들어 간다.

과거의 미궁이 저 깊고 긴
어둠 속에서 튀어나와 이 땅에
다시금 들어서며 나를 마주한다.

현실을 의심케 하는 비현실 같은
정체불명의 미지의 공간은
내게 묘한 불쾌감만을 던져 주며
나의 마음을 가득히 채울 뿐인 거다.

사내의 눈물

밤이 찾아오면,
그리도 슬픔에 빠져서
울음 속에 흐느끼던
사내는 다시 찾아 돌아온
쓰라린 단풍잎의 계절,
가을에게 지워져 버립니다.

먼 길

순아!
어린 맘을 품고 앙상한 물골로
내 네가 보고파
호젓한 아카시아 나무 밑 그늘에 파묻혀
보고픈 맘이 맴돌아
궂은 비가 내리는
낮에는 너를 그리다
강철보다도 매몰차게 부는
싸늘한 추운 밤에는 넋을 잃고
구겨진 숨결에 구슬피도 울어
흐느끼는 공상 속에 빠진 채
두 눈을 감았단다.

광야의 새벽

드넓은 대지 위로 밤이 위태롭게 올랐어라.

광야의 새벽은 칠흑같이 어두컴컴하나,

높이 솟은 잔별 하나가 모든 것을 밝히는 것이어라.

텅 빈 들은 넓고 밤하늘은 누군가 마치
인위적으로 바꾼 듯이 어두워서
달님도 보이지 아니하지만,

높이 솟은 잔별 하나가 모든 것을 밝히는 것이어라.

방랑한 해변

올가미를 목에 꽈──ㄱ 맨 것처럼 목마른 계절,

나는 시간을 피해서 먼 곳에 있는 해변으로 간다…

뜨거운 태양 아래서 물살은 솨아아──
소리를 내며 흔들흔들거린다.

간신히 시간을 피해서 왔거늘…

아름답고 광활하게 펼쳐진 해변가를
거닐지도 못한 채 다시금 도망친다.

만리타국

이 머나먼 땅에 서서,
저 하늘 높이 솟은
푸르른 하늘을 바라보니
고향이 그리워,
이 머나먼 땅이 낯설기만 하구나.
나의 고향의 산천은
여기선 꿈결 같고,
이 머나먼 땅의 달빛은 아련히 빛나니.
마음 한 곳엔 나의 옛 추억이 머물러
그리움만큼이나 시간은 멀어져 가구나.
아! 바다 건너 불어오는 소식에,
가슴 설레는 고향과의 작별의 아픔도
이 타국의 새벽 공기처럼 쓰리지만,
어딘가 따뜻한 것은 아마도 그리운 마음이겠지.
이곳에서 새로운 꿈을 품어 가며,
고향의 정을 듬뿍 담아 나아가리.
이 머나먼 타국이 내게 주는 시간 따위아,
기회로 삼아 내 생의 새로운 시작으로 맞이하리라!

공황

나의 마음을 아프게 하는
세상의 숨구멍인 공기를 흔들어
내게 주는 공포를 혼낸다.

절정에 치달은 여름

절정에 치달은 여름은
황량한 황무지 같은
사막과도 같았으니라

가난한 이는 누구인고
폐허가 깊게 짙은 사막에서는
그 누구도 가난할 수가 없나니

쨍쨍하게 타오르는 뜨거운 태양 아래
모래바람에 휩싸이는 모든 만물처럼
아무런 자취 없이 사라지라

한 줌의 모래가루로 변모하여
갈증에 시달리던 영혼마저
매캐한 먼지 속에 스러져 가리라

사문난적

이 벼랑 끝에서 나는
묵직한 돌처럼 떨어져
깊은 침묵을 깨울 것이오.

구름 속에 묻힌 하늘도,
어둠 속에 묶인 손목도,
내 길을 막을 순 없을 것이오.

나의 심정

콱, 콱,

강가에 돌멩이로 큰 담벼락 쌓았나 보오.

맑은 시냇물이 흐르지 못하여 메말라 버리지 않았소?

텁텁한 나의 심정처럼 말이외다.

바다의 속삭임

쏴아아──

물살이 흐르는 바다는
스스로가 어디로 가는지

나에게 속삭이는 듯
무언의 말을 하려 하지만

나 따위가 바다의 말귀를
이해할 수나 있겠소?

그저 영문을 알 수가 없을 뿐이지.

병원 — 정신병원

천사들이 가득한 천국처럼
온통 하이얀 벽지의 방 안에는
창백한 얼굴로 타락해 버린
온갖 믿음을 지닌 이들이
침상 위에 널브러져 있다.

병원 二 소아과

하늘 조각을 지닌 웬 불청객이
이곳으로 찾아왔다.
아이들은 놀라 고사리 같은
작은 손바닥으로 황망한 몸짓을 해
허둥지둥 뒤로 도망치기에 급급하다.
불청객에게는 한 가지 소명이 있으니
아무도 그를 막을 순 없었다.

병원 三 영안실

황홀한 몰골에 가늘게 서 있는
고운 눈꺼풀로 눈을 깊이 감아 두고
앵두 같은 입술에 피폐한 것처럼
축 늘어진 새하얗고 파아란 몸으로
죽음을 선고받은 이들

별스런 염원

어리석은 나의 염원은

목멘 속에 황폐한 얼굴로

처절한 잠을 맞이하는 것이오

꿈으로 쌓은 모래의 시

버려진 진흙 속을 그저 나부끼는 잡초처럼
살아간 의구심이라고는 하나 없는 이의
진심으로 쓴 사랑의 시는 허송세월 보내는
우리에게 꿈만 같이 드리우는 생각으로 쓰인 글인 듯
망상에 빠지어 상상의 나라로 갈 때 그 누가 알았겠는가?
이 시는 꿈으로 쌓은 모래의 시라는 것을!
진심으로 쓴 사랑의 시는 절망만을 남긴 채
환상에 빠지어 홀로 머릿속에 잠긴 이의 마음을 앗아 가고
그저 다시금 버려진 채로 진흙 속에서 그저 가만히 숨죽인 채로
이젠 작은 바람에도 흩날리지 않는 잡초가 되어 하늘 아래에 남았다.

화원의 변화

새하얗게 푸르른 꽃들 사철 내내
피어오르던 모습은 이 세상 모든 만물을
통틀어도 가장 으뜸으로 아름답습니다.

봄이 정원 속 작은 화원에 올 때면,
샛노란 꽃, 우거진 풀이 무성히 자라나는
모습은 이 세상 모든 만물을
통틀어도 가장 으뜸으로 아름답습니다.

물론, 나의 애정이 가득가득한 사랑 순이보단
아니지만 반갑기만 한 화원의 변화에,
난 그저 온종일 아니 계절이 흐르고 흘러
돌고 돌도록까지도 단 한 번도 권태에 들지 않고
시간이란 시간을 모두 이 화원에 빼앗겨 먹혀 버립니다.

오늘도 난 정원 속 작은 화원에서
나의 작은 자연을 바라봅니다.

비극

야밤이 다가오는 쨍쨍한
햇살은 그 무엇보다 쌀쌀맞다
그런 햇살을 가로막는
하늘은 정말 어둑 캄캄타
이런 날에 죄인의 상징인
십자가 위에 걸린 사내는 누구인고?
이마엔 땀방울 주렁주렁…
몸에는 핏물이 홍건히……

만가

살이 나뭇가지 사이로
쏟아지는 아침
노쇠한 맘을 추스르고
먼바다를 향해
유유히 몰락에 비통함을
힘주어 노래로 부르오

메마른 계절

시린 바람 속에
비 한 방울도 나리지 않는 새벽
하늘이 천지를 둘러싼 마른 계절
슬픔이란 아픔에
내 몸도 맘도 모두 피폐해져
항상 앓던 가슴 복판에
좋고 아리따운 향기로 하여금
내 가슴을 어루만져 주던 마른 계절
이젠 향긋하던 날도 사랑스럽던 순이도
모두 모두 꽃잎처럼 떨어져
아른하게 사라지는 메마른 계절

황천

강 따라 흘러간 내 육신은…
밝은 한낮에 뜬 흰 달과 함께…
별 하나 없는 하늘에 그저 흘러간다…

원망

잔잔한 강가 속
물결 위에 떠 있는 설은 가슴아
울음 속의 맘을 전부 내놓진 말아라
차라리 살가죽을 찢는
태양을 피해 더 깊숙이 들어가라
그럼 언젠가 원망하던
바다도 싫어하진 않을 것이니

소천

석양이 지는 황야에서
활짝 웃으며 걸어가 보이는
사내의 길,

모두가 희희낙락하며 황혼으로 가다
죽음을 향해 울음을 토할 때
나 홀로 사내에게
감사의 입맞춤을 바치리.

노아의 바다

방탕한 자가 즐비하는 세상에
무릇 익어 가는 과즙처럼 풍부히
피의 강처럼 새벽의 끝에서부터
흘러나오는 사해에게 눈물을 보이고
고독한 밀물처럼 나를 조여
적색 달에 홀로 취한다.

십자고상

한창 봄 내음이 퍼질 계절인데,
거리는 사내의 순혈로 하여금
강처럼 널리 퍼져 흐릅니다.

길가 한복판에 묶인 그 사내는 실로
쳐다보는 것만으로도 눈시울이 아리는
하늘 위 고운 태양과도 같은데…

그런 사내가 지금 죄인의 모습으로
우릴 위해 진실 하나 없는 세상
거짓된 십자가에 손발이 모두 못 박혀 계십니다.

그 누구도 나서지 않는
믿음 하나 없이 조용히 위선이 오가고,

이로 말미암아 죄를 허물은 방관자인
난 피에 젖은 입술을 깨물어 보고
고통만을 침묵 속에 쏟아 냅니다.

대부

죽음이란 것을 맞이할지언정
최후 순간까지 사랑을 꽃피워라
그리하면 대부님께서 진심 어린 눈빛과
더불어 널 두 손 벌려 맞으시리.

고해

 사제는 아무런 말이 없다. 그의 후두골에서 자라난 침묵은 석화된 동백꽃의 꽃받침처럼 굳어져 있고 목청 잠겨 후두 깊숙이 박힌 무음이 갈비뼈 사이로 스며들어 날 송장으로 만든다. 나는 그 앞에서 무릎을 꿇고 뼈마디를 구부리며 참회의 마음으로 쉬이 내뱉어지지 않는 죄명을 되뇌었으나 죄라는 것이 혀끝에서 응고되어 검붉은 가래가 되어 떨어졌다. 젖은 목소리란 무엇인가? 그것은 후두 깊숙한 곳에서 나오다 묻힌 단어들의 관 속에서 새어 나오는 진물이다. 나는 그 진물로 성호를 그었고 습기 찬 공기는 내 혀를 핥아 번역이 불가한 방언으로 만들었다. 고백이란 원래 외국어였던 것이다. 모국어로는 결코 토해 낼 수 없는 장내 기생충 같은 언어. 나는 그것을 사제의 고막 속으로 밀어 넣으려 했으나 그의 귀는 이미 밀랍으로 봉인되어 있었다. 나는 야윈 손목을 내밀어 사제의 수단 자락을 움켜쥐려 애썼다. 그러나 내 손목은 너무 가늘어서 바람에 꺾일 것만 같았고 사제의 형체는 내 손이 닿기도 전에 안개처럼 흩어졌다.

백합이라는 병

 백합 같은 것들은 모두 죽는다. 나는 이 사실을 오래전부터 알고 있었다. 그것들이 죽는 것은 순백의 꽃잎 때문이 아니라 순백의 거짓말 때문이다. 거짓말이 먼저 시든다. 꽃잎은 그다음이다.

 내가 처음 백합을 심은 것은 아마 스물두 살 때였다. 그때 나는 성실 — 순결하다는 말을 자주 들었다. 사람들은 내 얼굴을 보고도 그런 말을 했다. 하지만 나는 — 침묵하자. 그저 묻어 버리고자 하는 마음으로⋯⋯ 그래서 백합을 심었다.

 백합은 사흘 만에 죽었다. 나는 그것을 정원 한복판에 고이 묻었다. 하지만 땅은 하얀 것을 받아들이지 않았다. 전날 묻어 둔 백합이 땅 위로 올라와 있었다. 뿌리는 검게 변해 있었다. 마치 땅이 그것을 거부한 것처럼 말이다.

 나는 새로이 백합을 심었다. 이번에는 더 깊이 묻었다. 하지만 결과는 같았다. 백합은 시들어 죽고 땅은 그것을 다시 거부했다. 나는 이 일을 수년간 반복했다. 백합을 심고 ― 죽음을 지켜보고 ― 다시 그것을 묻고 ― 그것이 거부당하는 일.

어느 날 나는 깨달았다. 검은 흙이 백합을 거부하는 까닭을. 순결이란 오염된 것들만이 갈망하는 색깔이기 때문이다. 깨끗한 것에게 순결은 필요 없다. 더러워진 것들만이 순결을 원한다. 그리고 그 갈망 자체가 이미 순결하지 않다.

내가 백합을 심는 이유도 마찬가지였다. 나는 순결하고 싶었다. 하지만 순결하고 싶다는 욕망 자체가 이미 순결하지 않았다. 나는 더러워진 사람이었고 더러워진 사람이 심은 백합은 죽을 수밖에 없었다. 땅은 그것을 알고 있었다. ― 그래서 거부했다.

지금도 나는 백합을 심는다. 죽는다는 것을 알면서도. 아니 죽기 때문에 심는다. 순백의 거짓말이 시드는 모습을 지켜보기 위해. 그것이 내가 할 수 있는 유일한 정직함이다. 거짓말이 거짓말임을 인정하는 것 ― 순결하지 않은 자신을 받아들이는 것 ― 백합들은 여전히 죽고 있다. 그리고 나는 여전히 그것들을 또 묻고 있다. 땅이 거부한다는 것을 알면서도. 이것이 내 삶이다. 순결을 갈망하는 오염된 존재의 삶이다.

허상

 방 안에는 바깥이 이미 들어와 있었소. 바깥은 언제나 안쪽보다 얇고 더 오래된 살갗이니깐 말이오. 나는 팔꿈치를 책상 위에 올려놓고 나의 이름을 허공에 매인 십자가에 서너 번쯤 부르다가 말았소. 그 이름은 진즉에 낡은 벽지에 스민 곰팡이처럼 이미 죽어 있었소. 지금은 침묵만이 방을 삼켜 막연히 흐를 뿐이오.

 그 이름. 나는 그것을 다시금 부르려다가 입을 닫았소. 발음이 불가능했기에. 발음은 의미가 남아 있을 때 가능한 법인데 나의 이름은 이미 몇 해 전부터 어떤 뜻도 지니지 못했었나 보오. 그것은 도말된 글씨처럼 틀린 해석처럼 낡은 필사본처럼 변해 있었소. 마치 이국의 늪지대에서 잠든 나전어가 담긴 사전의 파본 한 장 그와도 같았소.

 무엇이 먼저였는지는 모른다. 이름이 먼저 죽었는지 내가 먼저 죽었는지. 어쩌면 나는 한 번도 살아본 적이 없었는지도 모르겠다.

시간은 흐르지 않고 그냥 웅크린 채 날 바라보오. 나는 그 침묵을 듣는다. 귓불에서 울리는 건 시계 소리가 아니라 시간의 환영일 것이오. 서늘한 헛것이 내 피부를 핥는다. 가끔은 착각한다. 내가 서반아의 어떤 불면한 항구에서 누군가에게 그리움의 대상이 된 것 같은. 물론 그런 일은 없지만 서도. 있을 리가 없소. — 그리움은 내가 감당할 수 있는 종류의 정서가 아니기에.

죽음? 그건 별게 아니오. 아라비아 사막에서 묵은 사과를 씹는 일종의 감각장애 같은 거지. 상해 버린 감각이 익숙한 공허의 맛을 느끼는. 그 맛은 무표정하고 낡았소.

죽음이 나의 숨통까지 다다랐을 때 나는 괴상한 비명을 지르진 않소. 다만 짐승처럼 숨을 몰아쉬는 자이오. — 살아본 적 없는 몸이 숨을 쉬는 일은 상상보다 더 불쾌하다.

사랑은… — 아 사랑은 또 다른 고장이다. 사랑이란 도무지 형용할 수 없는 전쟁 통에 폐허가 된 청사 내부의 구부러진 복도이오. 그 복도 안에서 사람의 아들을 따르는 길 잃은 그림지기. 그 그림자는 반쯤 열린 문 너머에서 내 이마를 바라보오. 그 그림자에겐 눈빛은 없소. 다만 시선만

있지. 시선은 늘 고통보다 오래 지속되고 있소. ― 그래서 눈빛이란 끔찍한 것이다.

요즘은 내가 살아간다는 느낌보다 하루를 통째로 연기한다는 느낌이 더 가깝소. 감정도 연기고 식사도 연기고 수면도 연기이오. 나는 그저 철저히 오해된 존재였소. 나 자신에게조차. 눈 뜨면 어김없이 다시 시작되는 오역의 반복. 일종의 자가 번역 오류이오.

가끔은 나란 사람도 거울을 보는데. 그러나 거울 속 존재는 나를 쳐다보지 않소. 거울 속 나는 방 밖을 본다. ― 나는 방 안에만 있는데도.

이따금 생각하오. 내가 실존한 적이 있었던가? 아니면 혹 누군가의 일기장에 잘못 끼어든 문장의 착오였던가? 사실 그게 뭐 그리 중요한지는 모르겠지만. 이 방 안에는 어차피 바깥이 들어와 있고. 바깥은 내가 아니니깐. 나는 이 방이니까…

지금은 밤이오. ― 정확히 말하자면 아마도.

무력한 자의 인식과 고립

 닭이 구슬픈 곡소리를 낸다. 나는 기계같이 미리 설정한 듯 몽실한 눈을 깜빡이며 창가로 향한다. 매일 아침이 그렇듯 나는 창에 기대선다. 또 하루가 또 하나의 가득 담긴 치욕이 어김없이 시작된다. 이 하루를 멈추고 싶다는 욕망은 오래전에 마모되었다. 이젠 증오조차 일상 속 장식처럼 매끈하게 자리를 잡았다. 감정이 아니라 습관이다.

 창문 밖으로 내건 빨랫줄이 바람에 흩날린다. 그 가늘고 보잘것없는 줄이 나보다 더 확고한 이유라는 것을 가지고 있다. 빨랫줄은 적어도 자기 역할이 있다. 나는 어떤가? 나는 무엇이었으며 무엇이 될 수 있는가? 나의 존재는 어떤 용도를 지니고 있었는가? 아무런 것도 없다. 이 세상 만물 중 가장 쓸모없을지도 모르겠다.

 논밭을 지나면서 벼가 고개를 숙이고 있는 모습이 보인다. 겸손해서가 아니라 벼에 들어선 알곡의 무게 때문이다. 나도 무언가의 무게로 고개를 숙이고 지내지만 정작 내 안에는 알곡이 없다. 그런데도 나는 왜 이토록 무겁게 짓눌려 있는가? 빈껍데기의 무게란 얼마나 가벼운가…

  요즘 들어 나는 자주 운다. 만일 내가 진실로 눈물을 보인다면 그것은 아마 위선일 것이라는 생각이 든다. 진짜 슬픔은 눈물의 형태로 나오지 않는다는 것을 알기 때문이다. 내 볼을 타고 흐르는 것은 눈물이 아니라 쌓이고 또 쌓인 시간의 찌꺼기다. 씻기지 않는 피로다.

  오후가 되면 나는 다시 난간에 선다. 아래를 내려다본다. 사람들은 개미처럼 바삐 움직인다. 모두 다 어딘가를 향해 가고 있다. 나만이 여기 이 높이에서 움직임 없이 홀로 고정되어 있다. 난간 위의 먼지가 내 팔에 묻어 버렸다. 나는 소매를 들여다본다. 그 얼룩은 언제부터 생겼을까. 아마 처음부터 있었는지도 모른다. 어떤 얼룩은, 아무리 문질러도 지워지지 않는다. 마치 태어날 때부터 그랬던 것처럼.

  이런 생각들이 속에서 맴돈다. 정리되지 않은 채로. 아니 정리될 의지도 필요도 없이. 어쩌면 나는 생각하는 것이 아닐지 모르겠다. 생각 속에 살고 있는지도 모른다.

청연

 A양은 여전히 희디흰 셔츠 한 벌만 입고 있었다. 여름이 지나고 가을의 문턱에 들어섰지만, A양의 옷차림에는 계절감이 없다. 아니, A양은 애초에 계절 따위에 관심이 없는 사람처럼 보였다. 오히려 A양은 먼 데를 조용히 보고 있다.

 사람들은 때때로 시간 밖에 사는 것 같다. A양이 그런 사람이었다. A양을 보고 있으면 달력이 무의미해졌다. 10월인지, 12월인지 도무지 알 수 없었다. A양 주변에서만큼은 시간이 다른 법칙으로 흘렀다. 마치 지나간 역사처럼.

 그런 A양을 멀리서 바라보곤 했다. 처음엔 단순한 호기심이었다. 왜 저 사람은 항상 같은 옷을 입을까. 왜 저리도 초연한 표정을 지을까. 하지만 시간이 지나면서 그 호기심은 점차 다른 감정으로 변했다. 부러움이었을까, 아니면 연민이었을까…

 A양은 어쩌면 한 번도 이 땅에 뿌리내리지 못한 사람이었는지도 모른다. 세상이 바뀌고 사람들의 말투가 얇아지

고 달력마저 흐려질 때에도 A양은… A양만큼은 변하지 않았다.

자화상

K는 늘 웃고 있었다. 귓가에 맴도는 목소리는 상냥했고 손끝 제스처 하나하나에 배려가 묻어 있었다. 사람들은 K를 일컬어 참으로 좋은 사람이라 했고 K의 인품을 칭송하기를 마지않았다. 하지만 나는 알고 있었다. 그 화사한 미소 뒤에 숨어 있던 검은 심연을. 그 부드러운 말투 속에 감추어진 냉혹한 무관심의 진실을 말이다. K는 언제나 옳은 말만을 골라 했으나 정작 옳은 행동은 누구보다 늦게 행했다. K는 책임감 있는 척했으나 불편하고 곤란한 일에는 언제나 가장 먼저 등을 돌리곤 했다. 도움이 필요한 이에게 선뜻 손을 내밀곤 했으나 그 손이 닿는 순간 이미 그 마음은 다른 곳을 향해 있었다. K의 친절은 겉껍질에 불과했고 동정이란 한갓 연극에 지나지 않았다. 나는 그런 K의 위선이 역겨웠다. 그것은 단순한 거짓말이 아니었다. 자신마저 속이며 살아가는 연기된 삶이었고 진실과 허위의 경계마저 모호하게 만드는 기만이었다. K는 진실을 입에 올리면서도 그 입술 사이사이에는 늘 치밀한 계산이 깃들어 있었다. 친절 뒤에는 이득이 따라나섰다. 동정 어린 눈빛 뒤에는 차가운 타산이 숨어 있었다. 나는 묻고 싶었다. 진심 없이 살

아가는 삶은 과연 삶인가. 세상의 시선에 맞춰 자신의 얼굴을 바꾸는 자는 과연 자신의 존재를 아는가. 나는 K에게 더 이상 분노할 수 없게 되었다. 분노는 차츰 연민으로 연민은 다시 깊은 허무로 변해 갔다. K는 그저 이 시대가 길러 낸 하나의 복제품에 불과했다. 진정성을 잃고 표면적 완벽함만을 추구하는 이 각박한 세상이 만들어 낸 비극적 산물이었다. 그러나 K의 위선적인 눈빛이 마치 거울에 비친 추악한 자신의 모습을 보는 듯한 혐오감처럼 목구멍 깊숙이 차올라 나는 고개를 돌릴 수밖에 없었다. 끝내 나를 구토하게 만들었다.

묵시록 — 간구하는 자

 발이 갈 길을 잊은 채 휘어진다. 말없이 혈을 내뿜는다. 기도는 엉터리인가? 한낮은 어둠 속에서 핏빛 꽃다발을 안고 하늘을 우러러보는 영계가 다가선다. 내게 사랑한다 말하지만 모든 상처가 아물리라고 함부로 말한다. 나의 입술에서 흘러내리는 것은 혈이 아니었다. 고비를 겨우 넘긴 묵은 한이니. 아름답기 그지없는 백합과 장미가 영계 품에 시들어 가고 나팔 불어오는 천상의 깃털 달린 이들이 내게 꽃다발을 전한다. 내 옆에 나란히 겹쳐진 모두 각색의 혈을 토한다. 수많은 양 떼들의 무거운 십자가 그 무게를 어찌 견디어 내랴? 아아! 이 병은 불치병이다. 온전치 못한 다시 돌아서지 못할 불치병이다. 나팔을 든 천상의 깃털 달린 존재가 다가선다. 내게 이리 명한다.
 〈선하지 못할지언정 믿음을 잃진 말라.〉
 〈그러니 다만 꽃다발을 더 꽉 안고 계속 혈을 토하시오.〉

묵시록 二 천상의 깃발 아래

나는 마지막 날의 징조를 보았소. 하늘이 갈라지는 소리에도 귀를 막지 않았고 땅이 흔들려도 발을 떼지 않았으며 별들이 떨어져도 눈을 감지 않았소. 오직 응시함으로만 견뎌 냈다.

첫째 나팔이 울렸을 때 — 아니, 정확히는 내 심장이 울렸을 때 나는 알았소. 이것이 시작이라는 것을. 모든 종말의 서곡이자 새로운 창조의 전주곡임을.

둘째 나팔이 울릴 때 — 바다가 피로 변했다고 했으나 실은 내 눈물이었소. 온 세상을 적시는 붉은 염수. 생명의 삼분의 일이 죽었다 했으나 그것은 내 안의 희망이었소.

셋째 나팔이 울릴 때 — 쑥이라 불리는 별이 떨어졌다 했으나 그것은 내 이름이었소. 모든 강물을 독으로 만드는 것, 그것이 바로 나라는 존재의 본질. 마시는 자마다 죽는다 했으나 애초에 살아있던 자가 있었던가.

넷째 나팔이 울릴 때 — 해와 달과 별이 어두워졌다 했소. 하지만 나는 아오. 그것들은 처음부터 어두웠다는 것을. 빛이라고 믿었던 것들이 사실은 어둠이었다는 것을. 우리는 그저 눈을 감고 있었을 뿐이었소.

다섯째 나팔이 울리기 전, 나는 독수리 하나를 보았소. 공중을 날며 큰 소리로 외치되 "화 있을진저, 화 있을진저, 화 있을진저" 하였소. 그런데 문득 깨달았소. 그 독수리의 목소리가 내 목소리라는 것을. 나는 나 자신에게 화를 선포하고 있었던 것이오.

일곱 번째 인이 떼어질 때 — 아니, 정확히는 내가 나를 떼어 낼 때, 하늘에 반시 동안 고요함이 있었소. 그 적막 속에서 나는 들었소. 내 안의 모든 소음이 사라진 자리에 남은 것. 그것은 침묵이 아니었소. 그것은 부재였소.

새 하늘과 새 땅이 있으리라 했으나, 나는 아오. 그것 또한 옛 하늘 옛 땅과 다르지 않으리라는 것을. 왜냐하면 나라는 존재가 그곳에도 있을 것이기 때문이오. 모든 새로움을 낡게 만드는 것, 그것이 바로 나의 본성이니.

알파와 오메가라 했으나 나는 그 사이의 공허요. 처음도 끝도 아닌 영원한 중간. 시작되지도 끝나지도 않는 것. 그래서 가장 무서운 것.

나는 이 모든 환상을 가리켜 현실이라 불렀소. 모든 묵시의 실체이자 계시의 그림자에 대한 형상임을 알 수 있으니.

묵시록 三 만악의 근원에 대한 성찰

 인간이란 존재는 만악의 근원이다. 보라, 우리는 우리의 날개를 스스로 걷어 냈다. 날 수 있었던 존재가 기어다니는 벌레가 되기를 택했단 말이다. 왜일까? 높이 나는 것이 두려워서였을까 아니면 추락의 공포 때문이었을까. 아니 아니오. 정확히는 날개가 있다는 사실 자체가 부끄러워서였던 게다.

 우리는 우리의 눈과 귀를 스스로 닫아 냈다. 진실을 보는 것보다 환상을 보는 것이 편했기 때문이다. 아름다운 거짓말이 추악한 진실보다 달콤하다는 것을 일찍이 깨달았던 것이고, 그리하여 우리는 맹인이 되고 농아가 된 것이다. 자발적으로, 기꺼이, 환호하면서.

 우리는 우리의 손과 발을 스스로 잘라 냈다. 창조할 수 있는 손을 썩어빠진 도구로 만들어 버렸고, 어디든 갈 수 있는 발을 감옥의 쇠사슬로 묶어 버렸소. 왜 그랬을까? 창조의 고통보다 파괴의 쾌락이 더 쉬웠기 때문이다. 건설보다 파괴가, 사랑보다 증오가, 생명보다 죽음이 더 간단했기 때문인 거요.

 우리는 우리의 살점을 뜯어 들개의 먹이로 주어 버렸다. 스스로를 찢어발기면서 그것을 희생이라고 불렀다. 자학을 미덕이라고 포장했고, 고통받는 것이 숭고하다고 착각했던 거다. 아! 얼마나 우스운 일인가. 들개들도 이런 썩은 고기는 마다할 것을.

 보라, 또 다른 존재에게 비극을 선사했다. 우리가 사랑한다고 말하는 모든 존재들에게 말이다. 부모는 자식에게 자신이 받은 상처를 그대로 물려주었고, 자식은 그 상처를 더 크게 키워 다음 세대에 전달했다. 사랑이라는 이름으로 저지르는 가장 잔혹한 범죄를.

 또 다른 존재에게 앙갚음을 주었다. 우리가 받은 모든 모멸감을, 모든 굴욕을, 모든 절망을 고스란히 약한 자들에게 전가했다. 위에서는 고개를 숙이고 아래에서는 주먹을 휘두르는 것. 이것이야말로 인간의 가장 추악한 본성 아니겠소.

 또 다른 존재에게 죄를 뒤집어씌웠다. 내 잘못은 모두 환경 탓, 부모 탓, 사회 탓으로 돌렸다. 내가 저지른 모든 악행을 남의 탓으로 돌리면서 스스로는 피해자 행세를 했던 것. 얼마나 비겁한가? 얼마나 치사한가!

또 다른 존재에게 책임만을 갈구했다. 스스로는 아무것도 하지 않으면서 남에게만 완벽을 요구했다. 자신의 게으름은 숨기고 타인의 노력만을 착취했고. 주는 것은 없으면서 받기만을 원하는 구걸치들.

또 다른 존재를 유흥의 제물로 바쳤다. 심심할 때면 약한 자를 괴롭히고, 무료할 때면 남의 불행을 구경거리로 삼았다. 타인의 고통을 오락으로 소비하는 것. 이보다 더 저급한 쾌락이 있을까!

보아라! 이 모든 것이 진정 거짓인지! 우리는 선량한 척 하면서 악을 저지르고, 정의로운 척하면서 불의를 행하고, 사랑한다고 말하면서 증오를 퍼뜨렸다. 가면 뒤에 숨은 진짜 얼굴이 얼마나 흉측한지 우리 스스로도 모르는 체했다.

이 모든 것이 진정 허무맹랑한지! 문명이라는 이름으로, 진보라는 이름으로, 발전이라는 이름으로 우리는 무엇을 만들어 냈는가! 더 정교한 살인 도구들, 더 효율적인 파괴

수단들, 더 교묘한 착취 방법들. 이것이 인류의 자랑스러운 성과란 말인가!

나는 본다오. 거리를 걸어가는 사람들의 얼굴에서 썩은 냄새가 나는 것을. 그들의 미소 뒤에 숨은 독니를. 그들의 친절한 말 속에 담긴 비수를. 그들의 눈동자에서 반짝이는 악의를.

사랑이라고? 그것은 소유욕의 다른 이름일 뿐이오. 우정이라고? 그것은 이용 가치가 있을 때만 유지되는 계약일 뿐이오. 정의라고? 그것은 자신에게 유리한 것을 포장하는 미사여구일 뿐이오.

보라! 인간은 태어나면서부터 거짓말을 배운다. 울음으로 관심을 끌고, 웃음으로 환심을 사고, 말로 속임수를 부린다. 그리고 그것을 "사회성"이라고 부르며 자화자찬한다.

인간은 자신보다 강한 자 앞에서는 비굴하게 굽실거리다가, 자신보다 약한 자 앞에서는 거만하게 군림한다. 이중성이라는 단어도 이들에게는 모자라다. 이들은 수천 개의 얼굴을 가진 괴물들이다.

인간은 진리를 두려워한다. 왜냐하면 진리는 그들의 추악한 민낯을 드러내기 때문이다. 그래서 그들은 온갖 이데올로기를, 종교를, 철학을 만들어 내어 진실을 가린다. 안락한 거짓 속에서 썩어 가면서도 그것을 행복이라고 착각한다.

아니 아니오. 나 역시 인간이 아닌가. 나 역시 이 모든 추악함의 일부가 아닌가. 다른 인간들을 비판하는 이 순간에도, 나는 내 안의 악마를 감추고 있는 것 아닌가.

그렇다. 나는 고백한다. 나 역시 만악의 근원이다. 나 역시 내 날개를 걷어 낸 자이고, 내 눈과 귀를 닫아 버린 자이며, 내 손과 발을 잘라 낸 자이다. 나 역시 타인에게 비극을 선사하고 앙갚음을 주며 죄를 뒤집어씌우는 자다.

이것이야말로 진실이다. 인간이라는 존재 자체가, 그 존재의 근본 구조가, 그 의식의 작동 방식이 바로 악의 원천인 것이다.

모든 선함의 가면이자 모든 악함의 실체에 대한 형상임을 이세야 알 수 있소.

참회

 밤이 깊어 갈수록 위장이 울렁인다. 그동안 품어 왔던 올곧음이라는 것이 얼마나 허약한 건가. 거울 앞에 선 내 얼굴은 낯설다. 언제부터인가 나는 내가 아닌 누군가의 가면을 쓰고 살아왔다. 선량함이라는 이름으로 정의라는 깃발 아래 숨어 실은 얼마나 많은 것들을 외면했는가. 다짐했던 것들은 매번 바스러진다. 타인을 향해 던진 돌멩이가 부메랑이 되어 돌아와 내 가슴을 후벼 판다. 내가 비난했던 그 모든 것들이 실은 내 안에도 도사리고 있다는 걸 이제야 깨닫는다. 어둠 속에서 짧게나마 들려오는 것은 내 호흡 소리뿐이다. 거칠고 불규칙한 숨소리가 마치 짐승 같다. 발전하지 못한 게 아닌 퇴화한 짐승. 내가 믿어 왔던 나란 존재는 신기루이다.

나의 영혼의 방황

 어둠의 숲을 헤매던 나는 길을 잃었다. 욕망의 표범이 내 앞길을 가로막고 교만의 사자가 포효하며 다가왔고 다가왔으며 탐욕의 늑대가 끝없이 굶주리며 내 뒤를 쫓았다. 절망이 내 영혼을 짓누른다. 발걸음은 무거워졌고 숨은 가빠졌다. 아아… 나는 쓰러졌다. 나무뿌리에 걸려 넘어지듯 정확히는 내 악과 무지를 감당하지 못한 채 무너졌다. 차디찬 흙바닥에 몸을 웅크리며 나는 하늘을 올려다보았다. 별은 보이지 않았고 달조차 나를 외면하듯 멀다. 모든 것이 닫힌 밤이다. 저 멀리 나를 부르는 무언의 손짓이 보인다. 가자. 가 보자. 가시덤불은 내 옷자락을 찢었고 돌부리는 내 발을 상하게 했지만 나는 멈추지 않았다. 고통은 나를 더 가로막진 못한다. 이것이 정화다. 쓰러짐은 단죄가 아니라 부르심이었다.

시

 푸르던 하늘에 떠오른 까마득한 밤이 찾아올 때에,
 밤사이에 내 마음 훑고 지나간 살살 맞기만 한 바람 맞으며,
 그저 시 한 편을 읽고 있었던 것은 나의 곁에 아무도 없기 때문이외다.
 나의 삶은 오늘도 혹독한 세상 끝나는 날의 순간을 지나가고 있고,
 세상에 존재하는 수많은 존재들조차 혹독한 세상 끝나는 날의 순간을 지나갔다.
 하늘이 높고 광활하고 아무런 것도 존재하지 아니한 듯이 새파란 하늘이 져 버리고,
 어두운 밤이 찾아오고 있는 동안에 나 홀로 혹독한 바람을 맞이하며,
 그저 시 한 편을 읽고 있었던 것은 나조차 끝이 난다는 그 순간을 두려워했기 때문이외다.
 이 두려운 시간은 우리가 무엇을 하든 간에 어느 순간에도 찾아오고 있고,
 이 두려운 시간은 우리가 사랑을 나누는 어느 순간에도

조용히 찾아오고 있고,

이 두려운 시간은 우리가 행복을 나누는 어느 순간에도 찾아와 행복을 취해 간다.

무섭다, 괴롭다 아니 무슨 말로도 형상화할 수 없는 공포이자 끔찍한 삶의 마지막이다.

그럼에도 나는 이 끔찍한 순간이 임박했음에도 그저 시 한 편을 읽고 있었다…

까마득한 밤에 다시금 푸르른 하늘 찾아올 때에,

밤사이에 내 마음 훑고 지나간 그리운 바람 맞은 것을 기억하며,

그저 시 한 편을 읽을 수 있었음에 기뻐하며 조용히 아무도 없는 곁에서,

나 홀로 두 눈을 감고 사랑하던 사람의 얼굴 되새기며 서서히 숨통을 조였다…

죽음의 문턱에서

벼랑 끝에서 나는 새벽 밤하늘의 끝자락을 서성이며,
어둠과 빛만이 교차하는 곳에서 휘파람을 불렀다.

밤하늘에는 달이 한 곳에 서 있고,
또 밤하늘에는 수많은 별이 각각 뭉쳐 있다.
그리고 나의 삶처럼 밤하늘은 아득하게도 까마득하다.

어둠을 몰아내고자 나는 장작으로 모닥불을 피워 냈고,
어느새 어둠과 빛만이 교차하는 곳은 찬바람만이 존재하다.
바람은 나를 원망이라도 하는 듯이 계속해서 나의 주변에서
쌀쌀맞고 흉한 행보를 일삼아 이내 모닥불을 꺼 버린다.

나는 바람을 불평할세라 아니면 나 스스로를 미워할세라.
그저 해가 오르기만을 기다린다.

가령,
밤에는 해가 졌고 낮에는 해가 올랐지만
만일에 해가 오르지 않는다고 해도

나는 후회하지 않는다.

모든 것이 끝나고 다시금 시작될 것임을 알고 있기에
나는 예컨대 겸허히 기다릴 것이다.

독백으로부터

 아……. 나란 사람은 나란 놈을 믿고 있다. 적어도 그렇게 생각했다. 매일 아침 창가에서 괜찮다고 혼자 중얼거리며 하루를 시작하는 것이 일상이 되었을 때까진 말이다. 그러나 어느새 그 중얼거림이 희미한 안개처럼 흩어져 버린다. 창틀에 맺힌 이슬 한 방울이 또르르 굴러떨어지듯이 내 믿음도 그렇게 스러져 간다. 괜찮아, 괜찮아. 라고 되뇌던 입술이 메말라 간다. 아침 햇살이 방안을 가로지를 때 그 빛 속에서도 나는 그늘막에 홀로 서성이며 서 있다. 믿음이라는 것이 이토록 부서지기 쉬운 것이었던가…. 거리로 나서면 발걸음이 무겁다. 아스팔트 위로 내 그림자가 축 길게 늘어진다. 이 그림자마저도 나보다 확실해 보인다. 바람이 분다. 나뭇잎들이 우수수 떨어져 내린다. 이파리 하나, 하나가 모두 내 맘의 조각인 양 황토색으로 마르고 바스러져 흩어진다. 그러곤 내 가슴팍을 후벼 판다.

절망에 관한 단상

 절망이란 무엇인가? 그것은 단순히 희망이 없는 상태를 말하는 것이 아니다. 절망은 자기 자신이 되지 못하는 병이요, 또 자아의 불일치에서 오는 고통이다. 대부분에 사람들은 자신이 절망하고 있다는 사실조차 모른다. 그들은 날마다 반복되는 일상 속에서 무언가 어긋나 있음을 느끼면서도 그것이 무엇인지 정확히 알지 못한다. 그저 막연한 불안과 공허함만이 가슴 한구석을 짓누를 뿐이다.

 절망에는 세 가지 단계가 있다. 첫째가 바로 자아가 있다는 것을 의식하지 못하는 절망이다. 이는 가장 낮은 단계의 절망으로 자신이 절망하고 있다는 사실 자체를 모르는 상태이다. 둘째로는 자아를 의식하면서도 자기 자신이 되기를 원하지 않는 절망이다. 셋째는 자기 자신이 되기를 원하면서도 될 수 없는 절망이고.

 진정한 자아란 무엇인가? 그것은 신 앞에 선 단독자로서의 자기이다. 군중 속에 묻혀 익명의 존재로 살아가는 것이 아니라, 자신의 선택과 결단에 대해 전적으로 책임지는 존재 말이다. 현대인은 선택의 자유 앞에서 불안해힌다. 무엇을 선택해야 할지 모르겠다고, 모든 것이 상대적이라고 말한다. 그러나 바로 그 불안이야말로 진정한 인간이 되었음의 시작이다. 불안은 자유의 현기증이요, 가능성 앞에서 느끼는 인간적 반응이다.

  신앙이란 무엇인가? 그것은 객관적 불확실성에 대한 주관적 확신이다. 이성으로는 증명할 수 없는 것을 믿는 용기 그것이 바로 신앙이다. 신앙은 도약이다. 논리적 연관성을 뛰어넘는 실존적 결단인 거다. 죽음을 생각하라. 죽음은 모든 인간에게 찾아오는 절대적 사실이지만 동시에 가장 개인적인 경험이다. 아무도 타인의 죽음을 대신 죽어 줄 수 없다. 죽음 앞에서 인간은 철저히 혼자가 된다. 바로 그 고독 속에서 진정한 자아를 발견하게 되는 것이다. 시간은 영원 속의 한 점이다. 우리는 시간 속에 살지만, 영원을 그리워한다. 이 모순적 긴장이야말로 인간 실존의 본질이다. 순간과 영원 그리고 유한과 무한 사이에서 흔들리는 존재이고 그것이 인간이다. 사랑하라. 그러나 진정으로 사랑한다는 것이 무엇인지 알고 사랑하라. 진정한 사랑은 상대를 소유하려 하지 않는다. 오히려 상대를 자유롭게 해 준다. 사랑은 자기를 잃는 것이 아니라 자기를 찾는 것이다.

아무도 울지 않는다

  봄이면 피어나는 꽃들도 여름철 무성하던 나뭇잎들도 가을이 오면 시들어 땅으로 돌아간다. 그러나 그것들은 정말 죽은 것일까. 아니다. 그것들은 흙이 되어 다시 새로운 생명을 키워 낸다. 죽음은 끝이 아니라 변화요, 소멸이 아니라 변모하는 것이다. 나 또한 언젠가는 이 세상을 떠날 것이다. 이 육신은 흙으로 돌아가고, 이 마음은…. 이 마음은 어디로 갈 것인가. 혹시 저기 하늘 너머 별들 사이로 스며들어 갈 것인가. 아니면 바람이 되어 사랑하는 이들의 뺨을 어루만질 것인가. 죽음을 생각하면 두렵기도 하고 한편으로는 평온하기도 하다. 이 세상의 모든 번민과 고통이 끝날 것이라는 생각에 위안을 받기도 하고 다시는 사랑하는 이들을 볼 수 없다는 생각에 서글프기도 하다. 그러나 나는 알고 있다. 진정한 죽음이란 육신의 소멸이 아니라 정신의 소멸이며 진정한 불멸이란 육신의 영속이 아니라 정신의 영속이라는 것을. 그러므로 나는 죽음을 두려워하지 않으련다. 다만 살아 있는 이 순간순간을 더욱 소중히 여기고 사랑할 수 있는 것들을 더욱 깊이 사랑하며 아름다운 것들을 더욱 세심히 바라볼 뿐이다.

회상

 밤이 깊어 사람 소리 끊어지니 창가에 홀로 앉아 마음을 살핀다. 등잔불이 깜박이는 가운데 하루의 일들이 물거품처럼 떠오르다가 사라진다. 아침에 대문을 나서며 본 이웃집 아낙네는 어찌 그리 수심에 잠겨 있던가. 저잣거리에서 마주친 장돌뱅이는 또 어찌 그리 애달픈 목소리로 물건을 팔고 있던가. 모두 각자의 시름을 품고 살아가거늘……. 나나 홀로 한가로이 지낼 수 있으랴. 문득 지난날이 아롱진다. 스무 살 청춘에는 세상을 다 얻을 듯 기세등등하였거니 이제 돌아보니 그 모든 것이 한낱 허망한 꿈이었구나. 그러나 한탄만 하고 있을 일인가. 지나간 일을 후회한들 무슨 소용이랴. 창밖으로 매서운 바람이 스며든다. 몸을 움츠리며 두텁게 입은 옷깃을 여미는데 떠오르는 것이 있다. 오늘 아침 골목 어귀에서 본 그 아이 말이다. 헤쳐진 옷에 맨발로 서서 지나가는 사람들을 바라보던 그 맑은 눈동자. 나는 그냥 지나쳤다. 바쁘다는 핑계로, 귀찮다는 이유로. 그것이야말로 진짜 부끄러운 일이었다. 청춘의 허망함이야 누구나 겪는 일이거늘, 남의 아픔에 눈 감는 것은 나이를 핑계 댈 수 없는 일 아닌가. 등불을 끄고 잠자리에 든다. 오늘 밤 꿈에는 그 아이의 맑은 눈동자가 나올 것 같다.

분해

 역거운 냄새가 진동하는 피사체가 여전히 거기 서 있었다. 햇살이 비스듬히 내려앉은 공중으로 조각조각 악취를 풍기며 흩어져 있다. 마치 썩은 꽃잎이 휘날리듯 형체를 알 수 없는 것이 되어 하늘로 흩어져 간다. 그 흩어짐을 바라본다. 눈동자 속에서도 균열이 생기고 균열은 곧장 암흑의 잔해로 흘러간다. 심장은 내장과 뒤섞여 파편을 울린다. 그 울림은 도저히⋯⋯. 낯선 울림이다. 피사체는 무너져 갔다. 무너짐은 곧 나다. 나는 나를 바라보다가 나는 또 다른 나의 부패한 냄새를 맡는다. 살갗은 꽃잎처럼 떨어지고 그림자는 바람처럼 흩어진다. 점차 사라진다. 그러나 사라짐 속에서 오히려 더욱 선명하게 존재한다. 분해란 곧 나의 잔해다.

시인의 말

 이 시집을 펼쳐 주셨을 독자 제현께 먼저 깊은 인사를 올립니다. 어느덧 한 권의 시집으로 여러분 앞에 서게 되었습니다. 떨리는 마음으로 써 내려간 시들이 이렇게 책의 모습을 갖추고 독자들을 만나게 된다는 것이 여전히 꿈만 같습니다. 저 혼자의 힘으로는 이 시집을 세상에 내놓을 수 없었을 것입니다. 그 길을 가능케 한 여러 연인에게 감사 인사를 전합니다. 출판의 무거운 짐을 기꺼이 짊어지고 제 글을 믿어 준 그 마음이 오늘의 이 시집을 있게 했습니다. 일상의 작은 순간들 그리고 마음 깊은 곳에서 울려오는 목소리들을 시로 담아내려 애썼습니다. 때로는 기쁨을 때로는 슬픔을 그리고 때로는 사랑과 비극을 노래했습니다. 독자 여러분께서 이 시집을 통해 작은 위안이나 울림을 얻으신다면 부족한 시들이 여러분의 마음 한편에 조용히 자리하게 된다면 그것으로 충분합니다. 다시 한번 깊이 감사드립니다.

저자 올림

사해

ⓒ 신정현, 2025

초판 1쇄 발행 2025년 11월 12일

지은이	신정현
펴낸이	이기봉
편집	좋은땅 편집팀
펴낸곳	도서출판 좋은땅
주소	서울특별시 마포구 양화로12길 26 지월드빌딩 (서교동 395-7)
전화	02)374-8616~7
팩스	02)374-8614
이메일	gworldbook@naver.com
홈페이지	www.g-world.co.kr

ISBN 979-11-388-4946-3 (03230)

- 가격은 뒤표지에 있습니다.
- 이 책은 저작권법에 의하여 보호를 받는 저작물이므로 무단 전재와 복제를 금합니다.
- 파본은 구입하신 서점에서 교환해 드립니다.